Réglé
en 30 jours

VOS
RELATIONS
AMOUREUSES

Données de catalogage avant publication (Canada)

Handley, Caro

Vos relations amoureuses

(Réglé en 30 jours)
Traduction de : Relationships.

ISBN 2-89568-055-8

1. Relations humaines. 2. Communications inter-
personnelle 3. Bonheur. I. Titre. II. Collection.

BF637.C45H29514 2002   158.2   C2002-940521-1

L'édition originale de cet ouvrage
a paru en anglais sous le titre *SORTED
IN 30 DAYS: Relationships*, aux éditions
Carlton Books Limited, Londres.
Édition : Judith More, Zia Mattocks,
Siobhán O'Connor, Libby Willis et Lisa Dyer
Direction artistique : Penny Sotck
et Barbara Zuñiga
Conception graphique : Gary Lewis
Fabrication : Janette Burgin
Illustration : Lucy Truman
Traduction : Christine LeSeigle
Révision : Monique Thouin
Infographie : Infoscan Collette

Nous reconnaissons l'aide financière du gouvernement du Canada par l'entremise du Programme
d'aide au développement de l'industrie de l'édition
(PADIÉ) pour nos activités d'édition ; du Conseil des
Arts du Canada ; de la SODEC ; du gouvernement
du Québec par l'entremise du Programme de crédit
d'impôt pour l'édition de livres (gestion SODEC).

ISBN 2-89568-055-8

Dépôt légal 2002
Bibliothèque nationale du Québec
Imprimé à Dubaï

Éditions du Trécarré,
division de Éditions Quebecor Média inc.
7, chemin Bates
Outremont (Québec) Canada

1 2 3 4 5   06 05 04 03 02

Réglé
en 30 jours

VOS
RELATIONS
AMOUREUSES

Comment entretenir votre amour
en seulement un mois

caro handley

TRÉCARRÉ

Table des matières

Introduction

Être amoureuse est une sensation merveilleuse. C'est excitant, gratifiant, stimulant et instructif, mais une relation amoureuse suscite aussi beaucoup de travail, de défi, de douleur et de peine. Est-ce que la relation durera ? Pouvez-vous vraiment partager votre vie, maintenant et pour toujours, avec cette même personne ? Qui ne s'est jamais posé ces questions, même dans une relation amoureuse très satisfaisante ? Et quand vous traversez des périodes difficiles, vous pouvez y réfléchir une centaine de fois par jour.

La société nous vend l'idée que l'amour sera une expérience totalement merveilleuse. Personne ne mentionne qu'il y aura autant de douleur que de plaisir – c'est ce que nous apprenons au fil du temps. Demeurer dans une relation amoureuse, s'engager dans cette relation et la faire évoluer sont de grands accomplissements. Il faut du courage pour tenir le coup lorsqu'il y a des périodes difficiles, de tirer des leçons de vos erreurs et de continuer même quand vous êtes blessée. La vérité est que cela en vaut la peine. Avoir une bonne relation amoureuse est une bénédiction ; elle vous gardera en santé, vous apportera le bonheur et enrichira votre vie.

Suivez ce guide en 30 jours et vous aurez l'aide et l'encouragement nécessaires, les outils pour changer, de plus grandes ressources et de la compréhension afin de vous aider à garder vivant l'amour que vous avez trouvé et à rendre la relation la meilleure possible.

Jour Un

L'AMOUR VÉRITABLE

Vous avez enfin trouvé l'être aimé. Merveilleux ! Peu importe que cela fasse six jours, six semaines, six ans ou davantage, vous voulez que votre relation fonctionne et perdure, qu'elle s'approfondisse et s'améliore tous les jours. Pour cette raison, au tout début, vous vous devez de définir l'amour et d'établir ce qu'il représente pour vous. L'amour est un sujet qui fait couler beaucoup d'encre. Mais qu'est-ce que c'est ? Les cœurs et les fleurs, la romance et l'excitation, la joie et la passion sont des aspects de l'amour, mais ne le définissent pas.

Voici ce que l'amour n'est pas :

- Vous soupirez pour quelqu'un qui ne vous désire pas.
- Vous vous laissez étouffer, blesser ou rabaisser.
- Vous cherchez à devenir celle que, selon vous, vous devriez être.
- Vous suivez toujours les désirs de votre partenaire.
- Vous avez constamment des hauts et des bas ; des périodes d'excitation suivies de périodes de chagrin.
- Vous ne montrez à l'autre que la partie « acceptable » de votre personnalité.
- Vous excellez dans le drame, les potins, la feinte et la flatterie.
- Vous restez avec quelqu'un pour éviter d'être seule.
- Vous évitez le vrai rapprochement et l'intimité.
- Vous réconfortez quelqu'un ou il vous réconforte.

Si vous vivez n'importe quelle des situations ci-dessus, alors il est temps de revoir votre relation amoureuse. Sans nécessairement mettre fin à votre relation, vous avez besoin de faire le point et de décider si elle peut survivre aux changements.

Alors, qu'est-ce que l'amour ? C'est de :

- Laisser votre partenaire vous connaître réellement, avec tous vos défauts.
- Prendre le temps et l'énergie pour apprendre à vous connaître, avec tous vos défauts.
- Grandir et apprendre ensemble.
- Vous respecter mutuellement.
- Développer une confiance mutuelle.
- Maintenir votre engagement, même lorsque vous avez envie de fuir.
- Aimer votre partenaire.
- Partager vos craintes, vos doutes, vos espoirs et vos rêves.
- Être responsable.
- Accepter aussi les aspects que vous n'aimez pas de votre partenaire.

Réfléchissez à cette relation amoureuse. Quels énoncés s'appliquent à vous et à votre partenaire ? Quelles sont les forces et les faiblesses de votre couple ? Devez-vous changer ? Q'aimeriez-vous changer à votre relation ?

Vous croyez probablement être très claire sur ces questions. Si c'est le cas, tant mieux, vous en êtes déjà à l'étape suivante. Toutefois, si vous sentez que ça ne tourne pas rond sans savoir pourquoi, ne vous inquiétez pas ; vous cernerez tous les problèmes existants et découvrirez comment les régler en 30 jours. Considérez ce jour comme la première étape d'une aventure, car une relation amoureuse, c'est une aventure à deux.

**Soyez sage face à l'amour
et choisissez la voie
vers l'amour véritable.**

Jour Deux

LES RÊVES

Comment rêvez-vous votre relation amoureuse ? Nous avons tous des espoirs et des désirs qui nous tiennent à cœur et que nous gardons secrets ; nous imaginons avec beaucoup de fantaisie notre amour en devenir et nous nous forgeons un amour idéal. Ces rêves nous permettent de regarder l'avenir et de croire à des événements heureux. Ces choses merveilleuses peuvent devenir réalité si l'on y met les efforts nécessaires. Nous avons tous besoin de réaliser nos rêves.

Toute relation amoureuse a besoin de rêves qui représentent des objectifs et offrent une voie à suivre à vous et à votre partenaire. Vos rêves peuvent être romantiques, sensuels, passionnés et excitants : un grand mariage en blanc ; une maison à la campagne sur un terrain ; une croisière autour du monde ou un foyer de plusieurs enfants. Au contraire, ils peuvent être plus terre à terre : quitter votre emploi ; travailler avec votre partenaire pour monter votre propre entreprise ou l'aider à réaliser ses propres rêves.

Soyez attentive à vos rêves. Supposent-ils des changements de votre partenaire ou de votre part ? Rêvez-vous que votre partenaire soit plus gentil, plus affectueux et plus disponible ? Rêvez-vous d'un moment où vous cesserez de vous disputer ou de vous blesser mutuellement ?

Exercice

Prenez un crayon et une feuille de papier et inscrivez les rêves que vous avez vis-à-vis de votre relation amoureuse. Projetez-vous dans un an, puis dans cinq ans. À quoi ressemble votre relation ? Que faites-vous tous les deux, où vivez-vous et comment vous entendez-vous ? Gardez cette information, ajoutez-y au fur et à mesure de nouveaux souhaits, espoirs et rêves.

Pendant les quatre prochaines semaines, faites en sorte que vos rêves soient plus vrais et réalisables. Réduisez-les en petites étapes. Même s'ils semblent lointains ou impossibles, vous pouvez commencer à agir pour qu'ils se réalisent. Que devez-vous faire pour que vos rêves deviennent réalité ? Quelles étapes devez-vous entreprendre ?

Commencez par raconter vos rêves à votre partenaire. Le partage cause toujours un peu d'angoisse, car il nous donne l'impression d'être vulnérable. Cependant, il est excitant aussi parce qu'il permet de préciser davantage vos rêves un peu plus vrais. En parler à votre partenaire lui fournira de l'information importante sur vous. Questionnez-le aussi sur ses rêves. Rêvez-vous de la même chose ? Même si ce n'est pas le cas, vous pouvez vous aider et vous encourager l'un l'autre à réaliser une partie de vos rêves.

Pensez aux autres étapes que vous pouvez entreprendre. Avez-vous besoin d'être plus ouverte, plus courageuse concernant vos exigences, plus ferme quand vous dites non ou de travailler pendant moins d'heures, de changer d'emploi ou de commencer à épargner ? Entreprenez la première étape immédiatement, faites éclater vos rêves au grand jour pour qu'ils se réalisent.

Réalisez vos rêves et entretenez la flamme.

Jour Trois

APPROFONDIR L'INTIMITÉ

Que veut dire être intime ? Réfléchissez à votre intimité de couple et cherchez comment vous rapprocher encore plus. L'intimité est le fondement d'une bonne relation amoureuse ; dans l'intimité, vous vous montrez ouverte et révélez vos pensées les plus profondes à votre partenaire sans craindre d'être attaquée, critiquée ou ridiculisée. Se rapprocher émotionnellement d'une autre personne relève du merveilleux, car vous pouvez ainsi être authentique – sans prétention, effort ou secret – réellement vous-même. Sentir l'amour et l'acceptation inconditionnelle de l'autre vous permet de vous détendre, de faire des erreurs tout en sachant qu'elles ne changeront en rien l'amour qu'il éprouve pour vous.

Nous avons tous une façade que nous présentons aux autres, la partie de nous que nous trouvons attirante et acceptable. Puis, nous avons les coulisses, les trucs moins jolis que nous gardons secrets de prime abord. Dans une relation amoureuse intime, vous ne pouvez garder cette partie cachée très longtemps malgré vos efforts ; votre partenaire non plus. Inévitablement, vous montrerez tous les deux le côté de votre personnalité que vous aimez le moins – les aspects qui nous font craindre le rejet ou le ridicule. En amour, au lieu d'être rabaissée, vous êtes entièrement acceptée, et le bonheur vous envahit. Cependant, pour être aimée ainsi, vous devez accepter de montrer votre vraie personnalité.

Qu'avez-vous montré à votre partenaire ?

Répondez oui ou non aux questions suivantes. Est-ce que votre partenaire connaît :

- Vos peurs et votre insécurité les plus profondes.
- Les plus grandes souffrances que vous avez vécues.
- La pire chose qui vous est arrivée.
- La plus grande honte de votre vie.
- Les personnes que vous aimez et celles que vous détestez.
- Votre plus grand embarras.
- Votre perception de votre corps.
- Votre allure dans un vieux pyjama, sans maquillage.
- Les changements que vous voulez apporter en vous.
- Les faiblesses et échecs que vous croyez avoir.

Additionnez les « oui ». Ce chiffre vous dira à quel point vous êtes intime avec votre partenaire. Si vous avez répondu par « oui » à moins de sept questions, vous auriez intérêt à laisser votre partenaire se rapprocher de vous. À présent, demandez-vous si vous connaissez la réponse à toutes ces questions à propos de votre partenaire. À quel point vous rapprochent-elles ?

Permettez désormais à votre partenaire de se rapprocher de votre vraie personnalité. Pour y arriver, acceptez de vous ouvrir et de laisser votre partenaire vous connaître davantage, sans façon. Donnez de l'information, parlez de vous et posez des questions en retour.

Rappelez-vous les commentaires de votre partenaire et considérez ces informations avec respect. Laissez la relation amoureuse être un voyage de découvertes.

Montrez votre vrai visage et devenez plus intime de jour en jour.

Jour Quatre

ÊTRE HONNÊTE

Jetons un coup d'œil sur l'honnêteté. Si vous désirez que votre partenaire soit franc, vous devez l'être aussi. Il y a plusieurs façons d'être malhonnête en amour, y compris les comportements loyaux en apparence ; mais les coups les plus subtils attirent problèmes et difficultés. Être honnête exige beaucoup de courage, mais donne en récompense une relation amoureuse saine et forte.

Quelques exemples de malhonnêteté :

- Vous flirtez régulièrement d'une façon qui déplairait à votre partenaire et vous le savez ; d'après vous, ce que votre partenaire ne sait pas ne peut lui faire de mal.
- Vous avez une aventure où vous avez échangé des baisers ; vous n'avez pas été infidèle, à votre avis, puisque vous n'avez pas eu de relation sexuelle.
- Vous ne dites pas ce que vous pensez vraiment quand vous discutez avec votre partenaire.
- Vous n'exprimez pas vos vrais sentiments sur des sujets d'importance : le sexe, l'argent ou les enfants.
- Vous avez menti sur votre passé ou sur votre personnalité.
- Vous n'êtes pas honnête concernant les questions financières.

Reconnaissez-vous l'une des attitudes décrites ? Est-ce que certaines sont vraies dans votre cas ? Y a-t-il d'autres cas où, au plus profond de votre être, vous savez que vous n'avez pas été digne de confiance ? Si oui, il est temps d'arrêter – aujourd'hui ! Quand nous trichons les autres, il nous est impossible d'avoir une bonne estime de soi ou une relation véritablement chaleureuse et heureuse. Les mensonges s'accumuleront et deviendront plus importants avec le temps. Vous y pensez plus souvent, et cette vision devient exténuante. Bâtissez votre relation en disant la vérité et comportez-vous de façon honnête et ouverte.

Être honnête ne signifie pas que vous devez tout raconter. Si votre partenaire redoute votre passé amoureux, ne lui faites pas la liste de vos anciennes flammes. La discrétion a toujours sa place et rien ne sert de divulguer un secret qui blessera votre partenaire, s'il ne fait pas progresser votre couple. Soyez honnête, authentique et digne de confiance à propos des questions importantes. Parlez franchement et ayez confiance en votre capacité de régler vos conflits. Faites passer votre partenaire et votre relation en premier, avant n'importe qui ou n'importe quoi d'autre.

**L'honnêteté envers votre partenaire et vous-même
procure un sentiment de bien-être.**

Jour Cinq

LE RESPECT DE SOI

Le mot « respect » peut sonner démodé, mais dans toute bonne relation amoureuse, il compte énormément. L'exercice d'aujourd'hui évalue le niveau de votre respect mutuel. Si vous vous traitez avec respect, vous avez plus de chance que votre partenaire vous respecte également. Les autres répondent aux signaux que nous leur envoyons. Si vous n'avez pas une bonne opinion de vous, les autres le sentiront et répondront de la même manière. Mais, que signifie le respect exactement ? Cela veut dire de vous traiter de façon décente, de vous occuper de vous et d'avoir de la considération pour vous-même ; connaître vos principes, vous y tenir et savoir que vos opinions, vos pensées et vos sentiments ont de la valeur.

Quelques exemples de comportements où le respect de soi fait défaut :

- Vous laissez votre partenaire écraser vos opinions et vos sentiments.
- Vous acceptez d'être abusée physiquement par votre partenaire.
- Vous lui permettez de flirter, tout en détestant cela.
- Vous soupçonnez l'infidélité de votre partenaire, mais évitez d'entreprendre les démarches nécessaires pour découvrir la vérité.
- Vous laissez votre partenaire prendre toutes les décisions.
- Vous laissez votre partenaire vous parler d'une manière insultante ou dégradante.
- Vous proférez des insultes ou vous criez quand vous êtes fâchée.
- Vous laissez votre partenaire être insolent envers vous devant des amis.
- Vous ne faites pas attention à vous et négligez de bien manger, de dormir suffisamment, de faire de l'exercice et de vous occuper de votre corps.
- Vous vous rabaissez dans vos conversations.
- Vous ne croyez pas mériter la fidélité, la considération et la gentillesse.
- Vous pensez que votre jugement est mauvais.

Reconnaissez-vous certaines de ces attitudes ? Il y a bien d'autres exemples de manque de respect de soi, mais nous savons instinctivement quand il y a un manque de respect. Le manque de respect de soi est lié à une faible estime de soi ; une pauvre estime de soi vous amène à laisser tomber vos principes. Or, ils sont essentiels dans une relation amoureuse. Vous devez vous faire une idée de ce qui est juste, pour pouvoir trancher cas par cas. Si vous manquez de respect envers vous-même, décidez aujourd'hui d'augmenter votre estime de soi, de défendre vos principes et de vous respecter – vous vous sentirez libérée.

Directives pour augmenter le respect de soi :

- Ne jamais tolérer aucune sorte de mauvais traitement, comme la violence, l'insolence ou la méchanceté. Soyez claire en vous éloignant de la situation jusqu'à ce qu'il y ait des changements.
- Dites-vous que vos sentiments et vos opinions comptent. Écoutez-les, faites-leur confiance et suivez-les.
- Traitez-vous de manière chaleureuse, généreuse et avec considération.
- Dressez la liste des principes que vous considérez importants, tels que « la violence est inacceptable », « être fidèle est essentiel » et tenez-vous-en à eux. (Voir également Connaître ses limites à la page 52.)

Rappelez-vous que lorsque vous vous aimez et estimez, vous vous attirez le même traitement des autres. Vous trouverez plus facile de vous éloigner de toute personne qui persiste à mal vous traiter.

Traitez-vous avec respect et les autres vous respecteront.

Jour Six

RESPECTER VOTRE PARTENAIRE

Tout comme il est essentiel de vous respecter, il est donc aussi important de respecter votre partenaire. Il n'y a pas d'amour sans respect mutuel. Prenez la journée pour examiner si vous respectez l'être aimé, le considérez et êtes gentille envers lui.

Dans une relation à long terme, le mépris s'installe facilement. Vous commencez probablement à tenir votre partenaire pour acquis, cessez de remarquer les qualités qui vous avaient fait craquer pour lui et voyez seulement les défauts qui vous agacent ou vous dérangent. Ce faisant, vous mettez l'accent sur le négatif. Quand vous vous concentrez sur ce que vous n'aimez pas, vous nourrissez la frustration, l'agacement ou l'anxiété. À l'inverse, mettre l'accent sur le positif augmentera le potentiel positif de la relation amoureuse.

Des exemples de manque de respect envers votre partenaire :

- Vous prenez des décisions sans le consulter.
- Vous planifiez votre propre vie et espérez que votre partenaire s'adapte à vos choix.
- Vous critiquez souvent.
- Vous montrez du doigt tout ce qu'il ne peut faire.
- Vous rabaissez ou vous ridiculisez votre partenaire devant d'autres personnes.
- Vous oubliez les fêtes qui sont importantes pour lui.
- Vous êtes insolente envers la famille de votre partenaire ou ses amis.
- Vous ne vous souciez pas de ses sentiments, souhaits ou besoins.
- Vous êtes souvent impatiente.
- Vous persistez à vouloir changer votre partenaire.

Reconnaissez-vous l'un des énoncés ci-dessus ? Si vous en reconnaissez ne serait-ce qu'un seul, alors vous devez réfléchir sur ce qui se passe dans votre relation amoureuse. Un des partenaires est souvent plus fort et plus dominant que l'autre et il peut facilement manquer de respect envers l'autre partenaire qui est plus lent, plus calme, moins dynamique, moins sûr de lui ou verbeux. Néanmoins, il faut de l'équilibre dans les relations amoureuses et la plupart des gens ont besoin d'une personne complémentaire différente d'eux à bien des niveaux. Apprenez à respecter votre partenaire pour ses qualités et ses aptitudes. Peut-être est-il plus lent et plus réfléchi que vous, mais il est aussi plus romantique et plus généreux. Ne croyez plus que la rapidité est préférable à la lenteur, et la parole à l'écoute attentive.

Exercice

Quelles sont les plus grandes qualités de votre partenaire ? Souvenez-vous des qualités que vous avez aimées en lui, puis dressez-en la liste et commencez à les remarquer à nouveau. Reconnaissez les façons par lesquelles vous vous équilibrez l'un l'autre et écrivez-les.

Votre partenaire mérite le meilleur de vous-même. Bien des gens traitent mieux les étrangers que l'être qu'ils aiment le plus au monde. Imaginez cette situation : un invité échappe un verre de vin sur le tapis pendant le repas. Que diriez-vous ? Probablement que ce n'est pas grave, vous nettoieriez, lui offririez un autre verre de vin et essaieriez de le mettre à l'aise. Cependant, si c'était votre partenaire qui avait fait le dégât, auriez-vous réagi de la même manière ? Ou auriez-vous lancé un commentaire méprisant ?

Commencez par voir le côté positif de votre partenaire et de votre relation. Mordez-vous la langue quand vous avez le goût de critiquer et choisissez de faire un commentaire d'appréciation, à la place. Parlez chaleureusement à votre partenaire et considérez-le avec amour et respect. Reconnaissez que vous êtes tous les deux aussi importants, précieux et particuliers l'un que l'autre.

**Respectez votre partenaire
et votre relation s'épanouira.**

Jour Sept

LES DISPUTES SAINES ET LES DISPUTES DESTRUCTRICES

Tous les couples se disputent, certains le font souvent, d'autres rarement, mais la plupart des couples se disputent à l'occasion. Les conflits ne sont pas nécessairement mauvais ; en fait, beaucoup de couples très heureux se querellent férocement et ne s'en font pas pour autant.

Soyez honnête sur le genre de disputes que vous avez. Les querelles « saines » sont soutenues par l'amour et le respect véritable l'un envers l'autre. Vous pouvez dire le fond de votre pensée, mais en même temps, vous savez tous les deux où se situent les limites. La dispute ne cause pas de blessure permanente ou elle ne dure pas des heures. Quand l'un de vous fait la paix – par une parole, un geste ou un regard qui dit « allez, il faut arrêter » – l'autre répond en s'adoucissant. Toutefois, les querelles sont parfois le symptôme d'un problème plus grave dans la relation amoureuse.

Quand faut-il s'inquiéter des disputes :

- Vous finissez par un échange d'insultes.
- La querelle se poursuit pendant des heures ou même des jours.
- Une dispute grave arrive toutes les semaines ou même plus souvent.
- Vous dites des choses que vous regrettez profondément.
- Le langage est blessant, cruel, critique ou méprisant.
- Vous ignorez mutuellement les tentatives de l'autre pour désamorcer le conflit.
- Vous soustraire au conflit pendant une demi-heure ne vous calme pas.
- La violence, y compris claquer les portes, lancer des objets et frapper ou blesser l'autre ou vous-même, est une caractéristique de la querelle.

Dans le cas d'une dispute saine, vous pouvez crier, vous quereller ou faire du bruit, mais vous ne devez pas devenir violent ou proférer des paroles que vous regretterez sérieusement. La critique et le mépris sapent toute relation amoureuse et quand ils s'insinuent, la bienveillance, l'amour et la tendresse deviennent de plus en plus difficiles à rétablir.

Si l'objet de vos disputes est toujours le même, analysez-le attentivement. Ne sera-t-il jamais résolu et devrez-vous le supporter tous les deux ? Si c'est le cas, vous devrez alors accepter d'avoir une opinion différente et gérer vos propres sentiments en adulte. Prenez l'exemple suivant. Votre partenaire n'aime pas votre mère, mais vous aimeriez qu'il en soit autrement. Ce problème ne peut se résoudre, mais vous pouvez décider des heures et modalités des rencontres avec votre mère. Acceptez les sentiments de votre partenaire et gérez votre douleur et votre déception en adulte, en parlant peut-être à un ami, en l'écrivant dans votre journal intime ou en prenant rendez-vous avec un psychologue.

Il se peut que votre querelle habituelle concerne un problème qui peut se résoudre, comme définir le responsable de certaines tâches ménagères ou la gestion de l'argent. Choisissez un moment lorsque vous êtes tous les deux de bonne humeur pour en parler et trouver des solutions. (Voir aussi Savoir négocier, pages 25 à 26.)

**Assurez-vous que les disputes
ne ruinent pas votre relation amoureuse.**

Jour Huit

LÂCHER PRISE

Adoptez une aptitude qui vous sera très utile pour créer une relation amoureuse heureuse et forte – l'aptitude à lâcher prise. Apprendre à vous éloigner des conflits et à relativiser les enjeux mettra votre relation dans une position gagnante. Si c'est simple, pourquoi ne le faisons-nous pas tout le temps ? Dans un conflit, nous tenons presque toujours à avoir raison. Nous croyons qu'il suffit d'exposer notre point de vue à l'autre pour qu'il nous donne raison. Mais l'autre a la même conviction, d'où les conflits, disputes, désaccords, etc.

Exercice

Pensez aux trois dernières querelles que vous avez eues. Qui avait raison ? « Moi », répondrez-vous. À présent, posez la même question à votre partenaire ; vous découvrirez qu'il dit que c'était lui.

La solution à cette situation dont personne ne sort gagnant est de simplement abandonner le désir d'avoir raison. Soudain, vous vous rendez compte que rien n'est tout noir ou tout blanc ; vous exprimez seulement des opinions différentes. Si vous demandez à une centaine de personnes choisies au hasard leur opinion au sujet de votre conflit, la moitié d'entre eux sera d'accord avec vous et l'autre moitié, avec votre partenaire. Rappelez-vous également que la plupart des différends ne sont plus aussi importants quelques heures ou quelques jours plus tard. Alors, que faire si votre partenaire consomme trop d'alcool durant une soirée (votre opinion) ou si vous dépensez trop d'argent sur des vêtements (son opinion) ? Après tout, ces détails sont vite oubliés.

Directives pour lâcher prise :

- Quand votre partenaire vous met en colère, prenez une grande respiration puis éloignez-vous. Prenez vos distances pendant environ une demi-heure.
- Rappelez-vous, le motif de dispute n'aura plus d'importance dans quelques jours. Laissez-vous aller à rire au milieu du conflit.
- Décidez d'être généreuse et de laisser votre partenaire avoir raison. Dites : « D'accord, tu as gagné, restons-en là ». Il sera si surpris qu'il décidera probablement que vous aviez raison après tout.
- Dites : « Nous avons tous les deux raison » et serrez l'autre dans vos bras.
- Acceptez de remettre votre dispute à plus tard, tandis que vous faites tous les deux autre chose. Essayez de reprendre la discussion quelques heures plus tard – vous laisserez peut-être tomber.

- Souvenez-vous que les personnes qui ont toujours raison sont pénibles et ennuyantes. Qui veut être en leur compagnie ?
- Permettez-vous de vous sentir grincheuse et outrée sans devoir déclencher la Troisième Guerre mondiale. Allez prendre un bain chaud, à la place.
- Pensez à un événement merveilleux – la meilleure relation sexuelle que vous avez eue, les vacances à planifier – n'importe quoi pour vous faire oublier ce désir d'avoir raison.
- Dites-vous que si vous gagnez, une heure plus tard, vous vous sentirez suffisante et fière de vous… – et malheureuse. Et vous et votre partenaire ne vous adresserez plus la parole. Par contre, si vous lâchez prise, dans une heure, vous vous sentirez bien.

Apprenez à lâcher prise et gagnez à tous les coups.

Jour Neuf

SAVOIR NÉGOCIER

Améliorez vos aptitudes de négociation aujourd'hui – vous enrichirez votre couple d'une ressource inestimable. De nombreuses personnes pensent que négocier, c'est de mettre l'autre KO, le faire céder et endosser votre vision. Ce comportement agressif ne laisse aucune place aux bons sentiments (pas même pour la gagnante). Il s'agit de faire des compromis, mais il faut aussi créer un rapport gagnante-gagnant dans lequel tous les deux vous aurez l'impression à la fois d'avoir donné votre opinion, d'avoir obtenu gain de cause et vous vous sentirez bien.

Bien qu'essentielle pour vivre avec un partenaire et l'aimer, la négociation est possible seulement si vous croyez avoir tous les deux droit à une solution satisfaisante. L'échec dans les négociations mène à l'amertume et au ressentiment. La relation sera déséquilibrée et ne fonctionnera pas bien si toutes les décisions vont dans votre sens ou dans celui de votre partenaire.

Pour débuter, vous devez accepter de déclarer votre position, de défendre vos droits et d'argumenter, ce qui signifie arrêter de jouer la victime ou le bourreau. Quand vous vous apitoyez sur votre sort, que vous attendez à être critiquée ou à constamment devoir céder, vous jouez le rôle de la victime ; quand vous écrasez votre partenaire, vous êtes agressive ou que vous espérez sortir toujours gagnante, vous devenez le bourreau. Aucun de ces rôles n'est amusant à jouer ou à endurer. Choisissez plutôt d'agir en adulte et de négocier.

Directives pour bien négocier :

- Choisissez un moment où vous êtes tous les deux de bonne humeur.
  - Assurez-vous de ne pas être interrompus, par exemple par les enfants ou par des appels téléphoniques.
  - Assoyez-vous à table. Un bon maintien vous donne l'impression d'agir en adulte et avec sérieux et vous assure d'être tous les deux au même niveau ; évitez que l'un des deux soit assis et l'autre soit debout.
  - À tour de rôle, présentez votre opinion, assurez-vous de vraiment vous ÉCOUTER l'un l'autre.

- Connaissez vos limites, cette frontière que vous ne franchirez pas.
- Acceptez de céder sur certains aspects.
- Proposez toutes les solutions possibles.
- Si le ton monte, faites une pause puis revenez plus tard.
- Choisissez une solution satisfaisante où chacun y trouve son compte.
- Si les négociations échouent, acceptez de reprendre la négociation et de trouver une solution différente.

Bien entendu, il y aura toujours des points non négociables, que vous devez définir. Toutefois, négocier peut être excitant, gratifiant et satisfaisant.

Choisissez de croire qu'il y a toujours une solution possible.

Jour Dix

RÉGLER LA VIE SEXUELLE

Une bonne vie sexuelle fait partie d'une belle relation amoureuse. Pour être autant des amants que des amis, vous avez besoin de sexe et si cet aspect va mal, alors les autres aspects de votre relation en souffriront également. Le sexe est un élément essentiel dans une relation amoureuse ; il vaut donc la peine d'y consacrer un peu de temps et d'effort.

Exercice

Comment évaluez-vous votre vie sexuelle, sur une échelle de 1 à 10 ? Si vous la classez 8 ou plus, c'est merveilleux – l'exercice de la journée vous rafraîchira la mémoire. En bas de 8, il y a définitivement place à l'amélioration.

Identifiez en premier ce qui ne va pas. Voici quelques exemples d'une vie sexuelle non satisfaisante :

- Vous n'êtes pas satisfaite, vous n'avez pas d'orgasme ou si vous en avez, vous n'avez pas autant de plaisir pendant les préliminaires et après le coït.
- Vous suivez toujours la même routine sexuelle et vous en avez assez.
- Votre partenaire ne sait pas vraiment comment vous donner du plaisir.
- Vous n'êtes pas attirée par votre partenaire ou vous avez l'impression qu'il n'est pas attiré par vous.
- Vous ou votre partenaire êtes trop fatigués.
- Les enfants semblent constamment vous interrompre.
- Vous n'avez jamais réellement aimé le sexe.
- Vous pensez toujours à trop de choses.
- Il y a des gestes que vous n'aimez pas faire au lit, ce qui met votre partenaire en colère ; vous devenez tous les deux nerveux.

Est-ce que l'un de ces exemples vous semble familier ? Si oui, ne vous inquiétez pas ; en matière de sexe, il est facile de s'améliorer. Si vous avez eu de bonnes relations sexuelles dans le passé, vous savez à quoi vous attendre et la question est de l'obtenir. Et si le sexe n'a jamais été bon entre vous deux, c'est le moment de changer la situation. S'aimer mutuellement et s'occuper l'un de l'autre vous rendra capable d'avoir de bonnes relations sexuelles. En fait, plus vous serez détendus et intimes, meilleur sera le sexe. La sexualité peut devenir ennuyante avec le temps – si vous ne réagissez pas – mais elle peut aussi s'améliorer...

Directives pour des relations sexuelles satisfaisantes :

Ayez le bon environnement.
Acceptez de ne pas vous disputer ou de parler de grandes questions dans la chambre à coucher. Réservez-y des échanges chaleureux, légers et affectueux. Transformez votre chambre à coucher en un havre de paix, à l'aide de draps soyeux, de bougies, d'essences odorantes, entre autres.

Sentez le désir monter.
Prendre un bain ensemble est agréable et faire l'amour à un homme propre qui sent bon est encore plus agréable. Regardez un film de sexe (pas de porno, juste un peu de luxure), ou un film comique, car le rire vous détendra et vous mettra dans de bonnes dispositions.

Mettez les inquiétudes, le stress et les enfants à la porte et ne leur permettez pas d'entrer.
Mettez un cadenas sur la porte, s'il le faut.

Commencez tranquillement.
Le massage, les caresses et les baisers partout sur le corps, c'est tellement sexy...

Pensez au sexe et vous vous sentirez sexy.
Souvenez-vous, la partie la plus sexy de votre corps est votre cerveau ; ainsi, fantasmez sur la meilleure relation sexuelle que vous ayez jamais eue ou sur des endroits scandaleux où vous faisiez l'amour afin de stimuler les réactions de votre corps.

Parlez.
Dites à votre partenaire à quel point il est sexy, que vous le désirez et combien vous aimez ce qu'il vous fait (quand vous faites l'amour). En retour, demandez-lui ce qu'il aime.

Faites des expériences.
Sans rien faire de désagréable, explorez de nouveaux territoires, tels que les jeux de rôles ou différentes positions.

Ignorez la fatigue.
Une fois les ébats entrepris, le sexe peut même être bon si vous êtes fatiguée ; vous dormirez mieux par la suite !

Décidez aujourd'hui de rendre votre vie sexuelle la meilleure possible et considérez votre partenaire comme la personne la plus sexy au monde, maintenant et pour toujours.

**La sexualité épanouie peut être
la meilleure partie d'une belle relation amoureuse.**

Jour Onze

GARDER LE SENS DE L'HUMOUR

Peu importe ce qui arrive dans votre couple, une bonne dose d'humour rehaussera la qualité de votre relation. Le rire fonctionne comme par magie. Le simple fait de faire jouer vos muscles faciaux pour sourire ou rire, même si vous n'en avez pas envie, a un effet étonnant. Votre cerveau relâche des hormones « de bien-être », qui circulent par la suite dans votre corps, vous font sentir plus heureuse, plus légère et mieux dans votre peau.

Exercice

Essayez-le maintenant. Souriez à toutes les personnes que vous rencontrez. Non seulement vous vous sentirez mieux, mais vous recevrez une réponse chaleureuse de la part des autres.

En amour, le rire peut vous faire sortir d'une impasse ou d'une attitude pessimiste, arrêter une dispute et améliorer votre vie sexuelle. Le rire guérit les blessures et vous rapproche l'un de l'autre. Il se répercute sur tous les autres aspects de la vie. Si l'un de vous deux est anxieux ou sujet à l'anxiété, rire aidera à réduire le stress.

Quand la vie semble difficile ou que vous traversez une mauvaise passe, le rire semble déplacé. Pourtant, si vous ne savez pas quoi faire ou quoi dire, ou lorsque vous vous sentez gênée ou que vous manquez d'assurance, riez ou faites un beau grand sourire.

Comment amener plus de rire dans votre vie :

- Assistez à un spectacle d'humour ou regardez une comédie à la télé.
- Lisez un roman humoristique – demandez à vos amis de vous en recommander un.
- Taquinez-vous l'un l'autre, mais entendez-vous pour arrêter quand il le faut.
- Racontez des blagues que vous avez entendues au travail.
- Rappelez-vous des histoires amusantes que vous avez entendues ou lues et partagez-les ensemble.
- Conservez les vidéocassettes qui vous ont fait rire et faites-les jouer quand vous avez besoin de vous remonter le moral.
- Acceptez de voir le côté amusant des choses, particulièrement le sexe.

Souvent, le bon côté de la vie disparaît quand les partenaires vivent ensemble. Ils sont envahis soudainement par les factures, les enfants et les responsabilités et n'ont plus envie de rire. Les jeunes enfants rient une douzaine de fois par jour. Agissez comme eux et trouvez-vous des raisons de rire. Soyez espiègle l'un envers l'autre également. Faites des batailles d'oreillers, jouez à la cachette au parc, faites les pitres quand vous en avez l'occasion et ne devenez jamais trop sérieux. Tout le monde aime être entouré de personnes qui prennent la vie du bon côté, et non des éternels farceurs qui ennuient leur entourage ou qui font des trucs idiots. Vous prenez la vie du bon côté lorsque, peu importe la gravité d'un événement, vous savez mettre les choses en perspective et espérez pour le mieux. La vie ne devrait jamais vous rendre si malheureuse ou mécontente qu'il n'y a plus de place pour l'humour.

**Pour une relation amoureuse heureuse et harmonieuse,
continuez de rire.**

Jour Douze

MAÎTRISER LA COLÈRE

Prenez conscience du rôle de la colère dans la relation amoureuse. Tout le monde se fâche à l'occasion et chacun de nous gère cette colère de différentes façons. Bien des gens n'aiment pas ressentir de la colère ni subir celle des autres car ce sentiment peut réveiller des peurs profondément ancrées et des tensions. Peut-être n'aviez-vous pas la permission de vous fâcher quand vous étiez jeune ou vos parents désapprouvaient les démonstrations de colère et vous avez appris à cacher vos sentiments. Cependant, dissimuler la colère ne la fait pas disparaître ; elle finit par sortir autrement.

Comment gérez-vous votre colère ?

- Vous prétendez ne pas être fâchée, vous réprimez votre colère et vous finissez par exploser beaucoup plus tard.
- Vous gardez votre colère en vous puis vous tombez malade.
- Votre colère se transforme en ressentiment et vous avez l'impression d'être une martyre.
- Votre colère prend la forme de critique et d'irritation.
- Vous attendez jusqu'à ce que votre colère monte et vous vous mettez à crier et à hurler.

Est-ce que l'une des réponses ci-dessus vous semble familière ? La majorité d'entre nous réagissent comme dans les exemples mentionnés, à divers degrés. Toutefois, se laisser emporter par la colère est très désagréable et destructeur. Alors prenez la décision d'essayer une approche différente aujourd'hui.

Gérez positivement votre colère :

D'abord, dites-vous qu'il est correct d'être en colère.

La colère est un sentiment comme les autres et vous ne pouvez vous empêcher de vous sentir fâchée, pas plus que vous pouvez cesser de vous sentir heureuse ou triste. L'important est de savoir comment vous COMPORTER quand vous êtes en colère.

Si vous choisissez de mal vous comporter quand vous vous fâchez, vous serez triste.

Choisissez de ne pas crier, hurler, bouder, vous plaindre, critiquer ou claquer les portes.

Faites des geste constructifs quand vous êtes fâchée.

Parfois, il suffit de reconnaître votre colère, de vous dire « Je suis vraiment fâchée de . . . ». Vous pouvez aussi essayer l'exercice suivant : allez dans la voiture, fermez les fenêtres et criez ; écrivez une lettre de colère que vous n'enverrez jamais ; écrivez dans votre journal intime ; donnez des coups de poing dans des oreillers ou faites de l'exercice physique.

La colère est un signe annonciateur de changement.

Décidez ce qu'il faut changer et prenez les dispositions pour effectuer le changement.

Rappelez-vous que les sentiments suivent le comportement.

Quand vous changez vos actions, votre humeur suivra le changement. Parfois, la solution la plus rapide pour sortir de votre humeur colérique est de changer votre comportement. Allez marcher ou danser, faites tout ce que vous trouvez plaisant et votre colère disparaîtra.

Exprimez votre colère de manière adéquate.

Parfois, vous devez faire savoir à votre partenaire que vous êtes fâchée et agir différemment. Essayez cette méthode :
- Déclarez simplement les raisons pour lesquelles vous êtes en colère.
- Dites à votre partenaire comment vous vous sentez.
- Exprimez exactement ce que vous voudriez que votre partenaire fasse.

Pour désarmorcer les situations potentiellement explosives, précisez votre mécontentement et évitez les insultes. Utilisez le « je » dans vos phrases au lieu du « tu ». Par exemple, ne dites pas : « Tu m'attaques toujours devant mes amis, tu es méchant, tu es un sale type qui manque d'égards pour les autres. » Dites plutôt : « J'ai été vraiment blessée ce soir quand tu as fait ce commentaire devant nos amis. J'aimerais que tu me traites avec respect et que tu me parles poliment. » Il y a plus de chances que votre partenaire vous écoute et fasse ce que vous voulez.

Laissez tomber vos craintes et utilisez votre colère comme un outil de changement positif.

Jour Treize

LES AMIS

Lorsque nous nous engageons dans une relation amoureuse, il y a toujours des ajustements à faire par rapport aux amitiés. Parfois, les amis acceptent notre nouvelle relation, mais parfois ils la rejettent ; ils peuvent accepter de se trouver au second rang ou non. Les amis sont précieux et il est important de les garder quand vous vous engagez dans une relation amoureuse, mais il est aussi essentiel de ne pas les laisser dominer votre relation. Il faut atteindre un équilibre adéquat entre votre partenaire et vos amis.

Est-ce que vos amis sont plus importants pour vous que votre amoureux ? Est-ce qu'ils empiètent sur votre relation amoureuse ? Voici quelques signes de danger :

- Vous demandez régulièrement des conseils sur votre vie amoureuse à vos amis, que vous suivez.
- Vous parlez de détails intimes concernant votre relation à une amie, sachant que votre partenaire serait mal à l'aise, s'il vous entendait.
- Vous préférez passer une soirée en compagnie d'une amie plutôt qu'avec votre partenaire.
- Vous laisseriez tout tomber, y compris les projets avec votre partenaire, si votre amie avait un problème et qu'elle avait besoin de votre aide.
- Vous invitez souvent une amie à se joindre à vous quand vous sortez avec votre partenaire.

Si vous vous reconnaissez dans l'une des situations ci-dessus, écoutez la sonnette d'alarme : les triangles amoureux ne fonctionnent pas. Une amie si intime minera certainement votre relation. De telles amies contribuent rarement à faire évoluer votre relation ; elles peuvent être jalouses et désirer vous avoir entièrement à leur disposition.

Pour faire l'équilibre entre vos amis et votre partenaire :

Souvenez-vous que votre partenaire passe en premier. Il a besoin d'être la personne qui compte le plus dans votre vie. Tous les deux, vous formez un tout ; votre entourage doit savoir qu'il ne peut vous séparer.

Établissez des limites précises dans vos relations amoureuses. Les amis ne doivent pas se joindre à vous quand vous sortez en amoureux et ils ne doivent pas passer avant les ententes que vous avez avec votre partenaire, sinon la crise éclate.

Cessez de parler des aspects plus intimes de votre relation avec des amis. Il y a des choses entre vous et votre partenaire qui doivent rester privées ; laissez-vous guider par votre intuition.

L'équilibre est crucial, bien qu'il ne soit pas toujours facile à atteindre. Les amis doivent savoir qu'ils sont importants à vos yeux et que vous serez là pour les aider, mais en même temps, vous devez faire comprendre à tout le monde que votre partenaire passe en premier. Rappelez-vous, une véritable amie respectera et encouragera une relation amoureuse qui vous rend heureuse et laissera volontiers de la place pour votre amoureux.

**Il y a assez de place dans votre vie
pour le grand amour et les bonnes amies.**

Jour Quatorze

LA FAMILLE

Aujourd'hui, penchez-vous sur le rôle que joue la famille – la vôtre et celle de votre partenaire – dans la relation amoureuse. Certains conseils au sujet des amis concernent également la famille (voir à la page 34), mais la famille peut s'immiscer dans votre relation de couple de manières plus complexes et subtiles. Surveillez ces tactiques et étouffez-les dans l'œuf. Peu importe l'importance de vos mère, père, sœur ou frère, ce ne sont pas eux qui vivent avec vous, prennent des décisions avec vous et bâtissent une relation à deux. Ils ont leur propre vie et doivent occuper une place secondaire dans la vôtre. Votre famille peut compter vraiment pour vous, mais votre relation amoureuse est primordiale – elle concerne votre avenir.

Quelques moyens par lesquels la famille, particulièrement les parents, peut saper votre relation de couple :

- Critiquer votre partenaire de manière subtile ou parfois plus ouvertement.
- Vous donner constamment des conseils sur la façon de gérer votre relation amoureuse, votre maison, votre vie, etc.
- Vous offrir de l'argent ou en offrir à votre partenaire d'une manière qui change l'équilibre de votre relation.
- Demander beaucoup d'attention à cause de leur maladie ou de leur vieillesse.
- Vous soudoyer (ou votre partenaire) pour abandonner cette relation ; par exemple, en promettant un héritage.
- Être en compétition avec vous ; par exemple, il est courant que la mère d'un homme se sente en compétition avec la nouvelle partenaire de son fils.
- Faire preuve de brutalité.
- Prédire la fin de la relation amoureuse.

Si l'une de ces situations se produit dans votre relation, il est temps d'agir. Établissez clairement que le rôle des membres de la famille est de vous aider et de vous encourager, et attendre que vous leur demandiez de l'aide ou des conseils. Soyez ferme en mettant vos limites et refusez qu'ils s'immiscent dans votre vie de couple. Vous pouvez le faire sans briser vos relations familiales ou causer de drames. Souriez simplement et dites « non merci » ou ignorez les critiques, tout en leur faisant comprendre que votre relation est solide et durable.

Des parents trop gênants peuvent, et c'est souvent le cas, détruire une relation amoureuse. Évidemment, il y a des moments où les parents ou des membres de la famille s'inquiètent vraiment au sujet d'un problème en particulier. Si c'est le cas, remerciez-les pour leur intérêt et décidez ce que vous ferez pour le régler.

Rappelez-vous, votre relation amoureuse résulte de vos décisions. Vous n'avez pas besoin de permission ni d'approbation pour le choix de votre partenaire. Si la relation vous convient, c'est tout ce qui importe. En tant qu'adulte, vous devez célébrer vos propres réussites, régler vos problèmes et réparer vos erreurs.

Faites comprendre aux membres de votre famille que votre relation amoureuse passe en premier.

Jour Quinze

DÉVELOPPER LA CONFIANCE

Afin de réussir votre relation amoureuse, vous devez être capable de vous faire confiance mutuellement ; pour y arriver, vous devez vous comporter de façon à ce que l'autre puisse avoir confiance en vous. Faire confiance les yeux fermés ne fait que blesser et désappointer. Il est inapproprié de croire en quelqu'un dès la première rencontre, même si votre intuition vous dit qu'il est digne de confiance et que vous voulez la suivre. Même avec un tel sentiment, prenez votre temps. Attendez de savoir si cette personne est vraiment fiable avant de mettre toute votre confiance en elle.

De nombreuses personnes font confiance trop vite et elles s'en trouvent blessées. D'autres demeurent méfiantes et refusent de faire confiance, même si elles sortent avec un partenaire qui est vraiment digne de confiance. Ainsi, elles ramènent dans le présent le manque de confiance qu'elles ont eu dans le passé.

Comment faire pour savoir si quelqu'un mérite votre confiance ?
Voici quelques indices :

Est-ce que votre partenaire fait ce qu'il promet ?
Tenir parole c'est le signe le plus important de la confiance. Vous êtes en droit de vous attendre à ce qu'il téléphone à une date ou une heure convenues s'il a dit qu'il le ferait. Il en est de même pour toutes les autres choses que cette personne a promis de faire.

Faites attention si votre partenaire a déjà préparé des excuses.
Vous n'aurez aucun plaisir à côtoyer une personne qui n'est pas fiable ; c'est souvent le signe d'une indignité profonde.

Votre partenaire garde-t-il des secrets ?
S'il ne veut pas révéler des pans de sa vie ou est dissimulateur, demandez-vous ce qu'il a à cacher.

Vous saurez vous-même inspirer confiance. Vous ne pouvez espérer attirer un homme fiable si vous ne l'êtes pas également. Assurez-vous de vous comporter de manière ouverte, honnête, cohérente, fiable et juste.

Si vous pensez que votre partenaire n'agit pas de façon à ce que vous ayez confiance en lui, vous devez alors décider si vous acceptez ce comportement ou non. Exprimez vos inquiétudes et vos peurs et ne lui faites pas confiance avant de savoir que c'est la bonne chose à faire. Toutefois, prenez garde d'être trop méfiante. Si vous refusez de croire en celui qui agit de façon claire et ouverte, changez d'attitude. Reconnaissez que vos doutes appartiennent à une autre situation que vous avez vécue dans le passé ou avec une autre personne. Un parent vous a peut-être abandonnée et, à présent, votre peur de l'abandon vous empêche de vivre votre relation amoureuse. Voyez votre partenaire sous un nouvel angle et acceptez de croire en lui quand la confiance est méritée.

Soyez toujours digne de confiance.

Jour Seize

SAVOIR APPRÉCIER

Nous commençons souvent une relation en appréciant pleinement l'autre, en remarquant les petits détails que notre amoureux fait pour nous et en l'aimant entièrement en retour. Puis, tôt ou tard, nous nous habituons l'un à l'autre ; ce qui était spécial devient ordinaire et l'appréciation disparaît. Aujourd'hui, examinez tout ce qu'il y a à apprécier de votre partenaire et de votre relation.

L'appréciation, c'est de rendre l'autre content de lui-même, vous rendre compte que vous êtes chanceuse et mettre l'accent sur tout ce qui est bon. Parfois, nous remarquons certaines choses et nous les apprécions, mais nous n'en parlons pas. Il est toujours bon dans une relation amoureuse de dire à haute voix que vous appréciez l'autre et de lui faire savoir ce que vous estimez et aimez en lui. Si vous remarquez chez votre partenaire de la gentillesse, de la générosité, du courage, de l'appui et de l'encouragement ou autres qualités que vous aimez en lui et que vous le lui dites, il se sentira merveilleusement bien. Apprendre à apprécier peut vous aider à trouver le bon côté de n'importe quelle situation et renverser une difficulté potentielle ou des situations malheureuses.

Exercice 1

Prenez un crayon et du papier et écrivez la liste des dix choses que vous appréciez le plus de votre partenaire. Faites cet exercice en vous amusant, ajoutez-en davantage si vous en avez d'autres en tête. Vous voudrez probablement inclure :

- Les qualités, comme la générosité ou l'humour.
- Les talents, tels qu'être un bon amant ou un bon cuisinier.
- Les aptitudes apprises, telles l'escalade en montagne ou des études universitaires.
- Sa bonne volonté dans la relation amoureuse.
- Sa façon d'être responsable de sa vie.
- Son travail acharné.
- Son apparence ou sa voix.
- Son sens de l'élégance.
- Sa sensibilité dans les situations difficiles.
- Son empressement à vous aider, émotionnellement ou financièrement.

Exercice 2

Maintenant, écrivez une deuxième liste des qualités que vous appréciez en vous, car il est aussi important de vous aimer que d'aimer votre partenaire.

Exercice 3

Faites une troisième liste des aspects de votre relation et de ce que vous appréciez de vous deux lorsque vous êtes ensemble, en les inscrivant au fur et à mesure que vous y pensez. Vous ajouterez probablement :

- Votre capacité de résoudre ensemble des problèmes et votre courage dans les moments difficiles.
- Votre style d'argumentation et de résolution des conflits.
- Le rire et le plaisir dans votre relation.
- Votre aptitude à équilibrer votre besoin d'être avec l'autre et les exigences de la vie.
- Les gestes romantiques réciproques.
- Votre manière d'accorder la priorité à votre partenaire.
- Votre contribution mutuelle à entretenir la maison.
- Votre disposition à être flexible concernant vos décisions.
- Les responsabilités que vous prenez tous les deux dans votre vie commune.
- L'aide que vous vous apportez l'un l'autre à faire ce qui est important pour vous.

En dressant vos listes, vous serez surprise de constater à quel point vous êtes reconnaissante. Prenez dès maintenant l'habitude d'apprécier l'autre. Chaque jour, trouvez trois qualités que vous appréciez de votre amoureux et assurez-vous de lui en faire part.

L'appréciation est la clé de la bonne volonté et du bonheur.

Jour Dix-sept

LES QUESTIONS FINANCIÈRES

Beaucoup trop souvent, l'argent devient un problème de couple et une source de conflits et de tensions ; ce n'est pas surprenant. Quand vous commencez une relation amoureuse, vous avez un bagage de questions financières et une attitude par rapport à l'argent. L'opinion d'une personne diffère presque toujours de celle d'une autre. Il faut trouver un compromis et un terrain d'entente commun ; pour y arriver, la tolérance et la bonne volonté doivent être fortes.

Quelques problèmes soulevés par la divergence d'attitude envers l'argent :

- L'un pense que l'autre dépense beaucoup trop ou, au contraire, pense que l'autre est avare.
- L'un des deux gagne un bien meilleur salaire que l'autre et trouve qu'il est le principal soutien de famille.
- L'un des deux partenaires gagne beaucoup moins d'argent que l'autre et se sent inférieur ou trouve qu'il est dépendant.
- L'un de vous deux déteste les chiffres et laisse l'autre en charge de toute la comptabilité.
- L'un des deux pense que tout finira par s'arranger, tandis que l'autre s'inquiète et se fait du mauvais sang.
- Vous ne vous entendez pas sur les priorités. Par exemple, vous voulez acheter une maison, mais votre partenaire désire des vacances supplémentaires ou il veut économiser tandis que vous souhaitez sortir et manger au restaurant plus souvent.

La réponse à tous les problèmes que vous avez cernés est de faire un compromis, de s'entendre et de négocier.

Directives pour régler les questions financières :

- Peu importe qui gagne le meilleur salaire, vous devriez avoir tous les deux votre mot à dire concernant les dépenses communes. Celui qui gagne davantage d'argent ne devrait pas avoir plus d'influence.
- Convenez dès le départ d'écouter et de respecter le point de vue de l'autre.
- Profitez d'un moment de paix, de tranquillité et de bonne humeur et mettez toutes les questions et décisions financières sur la table.
- Passez à travers chaque question, une à une, en attendant chacun votre tour pour parler. Recherchez des zones de compromis. Par exemple, pouvez-vous

économiser un peu plus d'argent tout en continuant de souper au restaurant assez souvent ? Pouvez-vous acheter une maison moins dispendieuse et planifier un congé de plus par année ?

- Déterminez ensemble qui sera la personne responsable de la comptabilité et acceptez de vous rencontrer régulièrement, une fois par semaine ou par mois, pour être au courant des finances et pour prendre des décisions pour l'avenir.
- Assurez-vous d'avoir tous les deux votre propre argent et une somme d'argent en commun. Idéalement, gardez vos comptes distincts, plus un compte conjoint pour les dépenses de la maison.
- Acceptez qu'aucun des deux ne puisse commenter la façon choisie par l'autre de dépenser son argent personnel. Seul l'argent du compte conjoint peut se négocier.

La façon de résoudre les questions financières est de garder une situation claire et sans complication. Soyez prête à trouver des compromis pour résoudre n'importe quel problème, peu importe s'il semble sans issue.

Ne laissez plus jamais l'argent vous séparer.

Jour Dix-huit

S'OCCUPER DE SOI

Aujourd'hui, concentrez-vous sur votre manière de vous occuper de vous-même dans la relation amoureuse. Les femmes en particulier concentrent souvent toute leur énergie sur leur partenaire, mais bien sûr, l'inverse est vrai également. Quand toute votre attention et votre énergie sont dirigées vers l'autre, vous négligez vos besoins et vos désirs personnels. Ce comportement nuit aux deux partenaires.

Tout en essayant de satisfaire les besoins de votre partenaire et de lui donner tout ce qu'il veut, vous espérez en même temps que votre partenaire s'occupe de vous et comble tous vos désirs. Cette attitude devient désastreuse. En découvrant que vos besoins ne sont jamais comblés, vous devenez pleurnicharde, amère et en manque d'affection, et par le fait même, moins attirante. Votre partenaire sent la pression et désire se sauver à toutes jambes. En fait, la pression mise sur les épaules de votre partenaire est double ; vous cherchez à lui plaire, ce qui peut lui sembler lourd, puis, il a la pression supplémentaire de devoir s'occuper de vous. Dans vos efforts pour plaire à votre partenaire, vous le rendez malheureux et vous vous rendez malheureuse.

Si ce cercle vicieux se produit dans votre relation de couple, soyez très honnête et reconnaissez qu'il est temps d'y mettre fin. Ce scénario peut briser votre relation assez vite et c'est triste, car vous auriez pu l'éviter.

Comment briser le cercle du manque d'affection et du désir de plaire :

Commencez à penser à vous. L'égoïsme a du bon, car il signifie apprendre à vous occuper de vos besoins et de vos désirs sans attendre après votre partenaire.

Assoyez-vous, maintenant, avec un crayon et du papier et posez-vous la question : « Qu'est-ce que je veux ? ». Dressez la liste des dix choses que vous feriez normalement sans votre partenaire ou sans espérer son apport, comme consacrer du temps à la lecture ou à la peinture, prendre une tasse de thé au lit le matin, vous offrir un massage des pieds ou un souper spécial ou bien redécorer votre demeure. Il vous faudra du temps pour vous habituer à faire ce que vous voulez ; si vous pensez à autre chose, ajoutez-le alors à votre liste.

Combien des choses sur cette liste pouvez-vous vous offrir personnellement ? Probablement toutes. Commencez immédiatement, aujourd'hui même, à vous faire plaisir. Prenez-en l'habitude ; toutes les fois que vous vous sentez grincheuse, critique ou victime, pensez à ce que vous voulez vraiment et offrez-le-vous ou bien planifiez-le.

Cessez de faire pour votre partenaire ce qu'il peut facilement faire lui-même. Ne devinez plus les désirs de votre partenaire et n'arrangez plus les choses à sa place. Prenez du recul et laissez-le régler ses problèmes comme il l'entend.

Continuez de vous comporter l'un envers l'autre de façon attentionnée, mais n'en faites pas trop, car l'attention portée à l'autre peut devenir étouffante et écrasante. Le remède à un comportement étouffant est de vous concentrer sur vos propres besoins. Plus vous mettez l'accent sur vos besoins, moins vous exigerez de votre partenaire. Toutes les fois que vous êtes tentée de rendre à votre partenaire un service qu'il n'a pas demandé, occupez-vous plutôt de vous. Vous libérerez votre relation d'une pression énorme, et il sera plus agréable d'être près de vous.

Occupez-vous de vous-même et la relation évoluera.

Jour Dix-neuf

DEMANDER

Vous vous êtes occupée de vous ; l'étape suivante est d'apprendre à demander ce que vous voulez. Tant de relations amoureuses seraient plus simples si les partenaires demandaient ce qu'ils veulent et cessaient d'attendre qu'on devine ce dont ils ont besoin. Ce que vous pensez est évident pour vous (un câlin, par exemple), mais ce n'est probablement pas évident du tout. Donc, quand votre partenaire agit en pensant deviner vos attentes (vous laisser seule au lieu de vous prendre dans ses bras), vous êtes vexée et en colère. Votre partenaire ne peut comprendre ce qu'il a fait de mal, et la déception s'installe. N'aurait-il pas été plus simple de lui demander un câlin dès le départ ?

Pourquoi la plupart d'entre nous ne demandent pas ce qu'elles veulent ? En voici quelques raisons :

- Nous ne savons pas ce que nous voulons, nous ne pouvons donc pas le demander.
- Nous avons peur de ne pas l'obtenir.
- Nous pensons que nous ne le méritons pas.
- Nous pensons que nous devons le gagner en faisant plaisir à l'autre en premier.
- Nous pensons que ce ne sera pas spécial si nous devons le demander.

Est-ce que l'une de ces raisons s'applique à votre cas ? Très peu de gens savent comment demander ce qu'ils veulent, de façon régulière, et se sentir bien. La plupart d'entre nous hésitent beaucoup à demander aux autres. Cependant, comme tout autre comportement, demander ce que vous souhaitez est une habitude que vous pouvez acquérir, simplement en acceptant de répéter l'exercice jusqu'à ce que vous le trouviez facile et familier.

Comment demander ce que vous voulez :

- Rappelez-vous, un amoureux est habituellement prêt à vous donner ce que vous souhaitez, s'il le peut.
- Vérifiez certains de vos désirs. Ils sont probablement faciles à combler.
- Exercez-vous à demander d'une manière directe mais enthousiaste. Évitez les pleurnicheries, les supplications, les câjoleries ou les flatteries.
- Acceptez de vous contenter de CERTAINES des choses que vous désirez. Abandonnez l'idée de tout obtenir.
- Quand vous lui dites ce que vous voulez, vous soulagez d'un poids votre partenaire. Il peut arrêter de jouer aux devinettes ; économiser son énergie et s'éviter beaucoup d'ennuis.
- Si votre partenaire refuse, acceptez de ne pas interpréter cette réponse comme un rejet, et comprenez qu'il ne peut simplement pas le faire, pour ses propres raisons.
- Apprenez à recevoir gracieusement. Quand vous avez ce que vous voulez, dites merci, puis appréciez-le. Ne l'utilisez pas comme prétexte à un complexe de culpabilité et ne décidez pas de donner le double à votre partenaire, en échange.

Parfois, recevoir peut être beaucoup plus difficile que donner ; rappelez-vous alors que vous le méritez et détendez-vous. Une fois habituée, vous demanderez ce que vous voulez avec plaisir – alors, allez-y, essayez-le.

Soyez courageuse, généreuse et demandez ce que vous voulez.

Jour Vingt

ÊTRE TOUJOURS SOI-MÊME

Trop souvent dans une relation amoureuse, vous oubliez qui vous êtes. Vous êtes tellement occupée à mettre l'accent sur l'autre ou à faire partie du couple que soudainement, vous perdez de vue votre propre identité. Une relation amoureuse accomplie n'est pas la réunion de deux moitiés, mais plutôt de deux entités à part entière qui vivent en harmonie. Il est nécessaire de garder une identité forte, de sentir n'avoir rien perdu d'essentiel ni ressentir le moindre étouffement.

Des signes de perte d'identité :

- Vous n'arrivez pas à prendre de décisions, mêmes inoffensives, sans consulter votre partenaire.
- Vous vous sentez bizarre d'aller seule à des événements sociaux.
- Vous vous organisez pour ne jamais avoir à faire les choses sans lui.
- Vous prenez votre bain et vous magasinez ensemble.
- Si votre partenaire est absent un soir, vous paniquez.
- Vous n'aimez vraiment pas être seule.
- Vous avez cessé de vous adonner à certaines activités que vous aimiez, parce que votre partenaire ne voulait pas y participer.
- Vous préférez être avec lui que sans lui, même pour assister à un événement ou faire une activité que vous n'aimez pas.
- Vous utilisez le mot « nous » plus souvent que le mot « je ».
- Vous ne pouvez imaginer la vie sans votre partenaire ; s'il décède, vous en mourrez aussi.

Vous reconnaissez-vous dans l'un de ces énoncés ? Êtes-vous si plongée dans votre relation de couple que la pensée d'être simplement « moi » ou « je » vous fait peur et vous plonge dans la solitude ? Si oui, alors il est temps de cesser de mêler votre identité à celle de votre partenaire. Vous pouvez apprendre à vous tenir debout sans perdre l'intimité que vous partagez.

Comment être soi-même tout en restant amoureuse :

Gardez vos propres amitiés. Fixez des rendez-vous à vos amies afin de les voir régulièrement, sans votre partenaire.

Réservez du temps juste pour vous. Prenez un soir par semaine pour faire une activité à votre goût – que ce soit du yoga, de la photographie ou une sortie avec des amies – sans votre partenaire.

Exercez-vous à prendre des décisions et à donner votre opinion. Demandez-vous fréquemment « qu'est-ce que je pense de cela ? », « qu'est-ce que j'aimerais faire maintenant ? » ou « quel genre de soirée me conviendrait ? ». Vous ne devez pas nécessairement avoir toujours raison, mais simplement vous savez ce que vous pensez et ce que vous voulez.

Assurez-vous de trouver des moments où vous ne pensez pas à votre partenaire ou vous n'en parlez pas. Ne sortez pas avec des amies, dans le but de parler de votre partenaire ; discutez plutôt de la vie, de la politique, du sexe – de n'importe quoi qui vous aide à décrocher.

Ne faites pas tout avec lui. Si vous prenez toujours votre bain ensemble, vous épuiserez le cachet spécial de ce moment d'intimité. Gardez la sensation forte, l'excitation et la romance pour des activités spéciales ensemble plutôt que pour la routine.

Ne faites pas ce que votre partenaire souhaite juste pour être avec lui. S'il vous demande de l'accompagner à un match de football ou à un cours de yoga, ne traînez pas derrière si vous n'aimez vraiment pas cette activité. Faites quelque chose que vous aimez à la place.

Gardez votre vie intéressante et vous serez intéressante aussi. Assurez-vous de toujours avoir des anecdotes à raconter et des choses à faire de votre côté. N'accaparez pas votre partenaire juste pour être en couple.

Si vous perdez votre partenaire, vous continuerez à avoir une vie épanouie et riche. Personne ne sait combien de temps vous serez ensemble, mais croire que vous vous débrouillerez seule vous rendra plus heureuse et plus forte maintenant.

Protégez toujours votre identité. Mettez autant d'ardeur à affirmer le « je » que le « nous », et vous ne vous tromperez pas. Aimez la vie que vous vous êtes créée et votre vie ensemble en sera plus riche.

**Soyez toujours vous-même,
gardez intacte votre identité et soyez heureuse.**

Jour Vingt et un

CONNAÎTRE SES LIMITES

Une frontière est une limite, une ligne qu'il ne faut pas franchir, un point au-delà duquel vous n'avez plus d'agrément. Dans les relations amoureuses, tout comme dans la vie, nous avons besoin de limites. Elles nous procurent un sentiment de sécurité, de liberté, d'intégralité et elles nous définissent. Les limites ne sont ni bonnes ni mauvaises. Tout le monde a des limites différentes et nous choisissons simplement les limites qui nous conviennent. Que nous en soyons conscientes ou pas, nous en avons toutes. Toutefois, certaines femmes ont des limites floues dans certains aspects de leur vie ; il s'ensuit qu'elles sont facilement débordées et stressées.

Des signes de limites floues ou absentes ou un manque dans une relation amoureuse :

Vous décidez de faire une activité, puis vous changez d'avis, parce que votre partenaire vous a demandé de faire autre chose. Vous êtes en train de planifier une soirée à la maison, à lire, jusqu'à ce que votre partenaire vous demande de sortir avec lui ; vous n'en avez pas envie, mais vous y allez quand même.

Vous faites des promesses, à vous ou à votre partenaire et vous ne les tenez pas ou feignez de voir que votre partenaire ne les tient pas. Vous décidez de ne pas répondre aux appels après minuit. Vous le dites à votre partenaire, puis vous répondez au téléphone quand il appelle à 1 h du matin quelques jours plus tard. Vous promettez de cesser mais vous continuez de fumer.

Vous décidez que certains comportements sont inacceptables, puis vous les acceptez. Vous dites à votre partenaire que vous le quitterez s'il vous frappe, puis vous restez avec lui après avoir été battue une fois de plus.

Exercice

Aujourd'hui, essayez de définir vos limites, choisissez-en de nouvelles si vous en avez besoin, puis promettez-vous de garder vos limites fermement en place. Leur nombre importe peu mais celles que vous avez doivent vous convenir et avoir de l'importance pour vous.

Quand vous établissez vos limites, rappelez-vous quelques points. Premièrement, les autres testeront toujours vos limites. Si vous tenez votre bout, ils vous respecteront et sauront que vous pensez ce que vous dites ; si vous ne le faites pas, ils sauront que vous vous faites avoir facilement. Deuxièmement, croyez en votre capacité de tenir à vos limites ; ne choisissez pas une limite que vous ne respecterez pas car vous sentirez que vous ne pouvez pas avoir confiance en vous.

Pour ces deux raisons, choisissez des limites importantes pour vous et que vous respecterez. Par exemple, prenez un problème qui vous tracasse et décidez où la frontière devrait être. Vous découvrirez bientôt le bien-fondé de votre décision, et vous vous y tiendrez même quand votre partenaire testera cette limite.

Fixez vos limites et pensez ce que vous dites.

Jour Vingt-deux

ÊTRE RESPONSABLE

Les deux partenaires dans le couple doivent être responsables pour que leur amour reste fort. Si votre réaction est « comme c'est morne, ennuyeux et louable », alors, pensez-y à deux fois. Être responsable ne signifie pas seulement payer vos factures et arriver à l'heure au travail – cela va beaucoup plus loin.

L'amour véritable demande aux partenaires du couple d'accepter de prendre leurs responsabilités. L'amour nous donne la motivation d'agir de manière cohérente et adéquate ; ainsi, nous créons des liens profonds. Toutefois, rien ne détruit mieux l'amour que le manque total de responsabilité de la part d'un des partenaires ; si vous l'avez vécu, vous savez que c'est vrai. Les personnes irresponsables acceptent de laisser tomber les autres, de les surcharger, de les utiliser pour se protéger, de leur créer des problèmes et de les blesser. Il n'y a de place pour aucun de ces comportements dans une relation amoureuse forte et saine. Jetez un coup d'œil sur votre relation. Êtes-vous irresponsable ou vous débattez-vous avec l'irresponsabilité de votre partenaire ?

Comment améliorer votre propre niveau de responsabilité :

Agissez toujours de manière à être fière de vous. Identifiez les aspects de votre comportement dont vous avez honte et changez-les.

Rappelez-vous que l'amour et la responsabilité vont de pair. Vous ne pouvez aimer quelqu'un sans accepter d'agir de façon responsable envers lui.

La responsabilité commence par vous-même. Prenez-vous soin de vous et est-ce que vous vous ressourcez ? Vous reposez-vous suffisamment, mangez-vous sainement et faites-vous de l'exercice ? Vous ne serez pas capable de répondre adéquatement aux demandes de l'autre, si vous n'assumez pas la responsabilité de combler vos besoins élémentaires.

Agir de façon responsable envers votre partenaire, c'est de tenir vos promesses et de reconnaître votre part de l'entente. Il ne s'agit pas de faire toute une histoire à votre partenaire, de le mettre dans l'embarras ou de l'étouffer. Parfois, agir de façon responsable, c'est prendre recul et laisser l'autre réparer ses torts.

Lorsque vous décidez quelles sont vos responsabilités, le mot clé est « adéquat ». Utilisez-le comme critère d'évaluation afin de vous assurer de ne pas trop en faire.

Si la personne irresponsable est votre partenaire :

Laissez-le vivre les conséquences de ses actes. Autrement dit, ne le protégez pas, ne volez pas à son secours ou ne faites pas ce qu'il peut faire lui-même. Restez en retrait et laissez-le faire face à la musique.

Annoncez clairement vos propres limites. Faites savoir à votre partenaire ce que vous ferez et ne ferez pas et ce que vous attendez de lui. Ne radotez pas ; dites-le une fois seulement et restez-en là.

Décidez si vous voulez partager votre vie avec un irresponsable. Vous voudrez probablement vous retirer, totalement ou en partie, plutôt que de vivre avec un être qui vous cause des problèmes.

S'il est irresponsable dans des cas particuliers, alors confrontez-les en lui montrant clairement les conséquences. Par exemple, si votre partenaire arrive toujours en retard à vos rendez-vous, faites-lui comprendre que vous l'attendrez cinq minutes, pas plus.

S'attaquer à l'irresponsabilité relève du défi excitant. En effet, vous acceptez de défendre votre idée et que l'autre tienne compte de vous, d'établir vos limites et de reconnaître le lien puissant entre la responsabilité et l'amour.

Soyez responsable et heureuse en amour.

Jour Vingt-trois

LA JALOUSIE

La jalousie peut être une plaie destructrice. Tout le monde est jaloux à l'occasion, mais la jalousie constante cause des fissures profondes dans une relation. Aujourd'hui, examinez le rôle joué par la jalousie dans votre relation. Vous ou votre partenaire, êtes-vous dans un état constant de jalousie ? La jalousie mine-t-elle votre couple ? Si oui, c'est le moment d'y remédier.

Si l'un de vous ressent de la jalousie, la première question à se poser est : « Y a-t-il une raison ? » Le comportement inadéquat de l'un provoque-t-il de la jalousie chez l'autre ? Parfois, le partenaire jaloux porte tout le blâme, alors qu'en fait, l'autre partenaire est responsable d'une partie du problème. Agissez-vous tous les deux de manière loyale et adéquate ? (Voir également le chapitre DÉVELOPPER LA CONFIANCE à la page 38.) Faites-vous passer en premier votre partenaire, sans flirter ni vous engager avec d'autres personnes ? Vous traitez-vous mutuellement avec respect et considération ? Attaquez-vous à ces aspects et la jalousie disparaîtra. Si la situation perdure, la jalousie pourrait provenir d'un sentiment d'insécurité et d'un manque d'estime de soi. (Voir le chapitre LE RESPECT DE SOI à la page 16.)

Comment gérer votre jalousie :

Commencez à travailler l'estime de soi et ayez confiance en votre propre valeur. Plus ces sentiments sont forts, moins vous serez jalouse. Parlez-lui positivement, appréciez tout ce qu'il fait et soyez gentille envers lui.

Parlez-en à votre partenaire. Demandez-lui de vous aider à régler ce problème et parlez-lui de ce qui déclenche en particulier votre jalousie ; votre partenaire sera peut-être capable de vous offrir de l'aide dans ces moments-là.

Dressez la liste de toutes les raisons pour lesquelles on vous aime. Rassurez-vous beaucoup en vous disant que vous êtes aimée, valable et précieuse pour votre partenaire.

Prenez la décision de ne plus être jalouse. Refusez d'être dépassée et évitez toute situation hors de votre contrôle ; ne courez pas le risque de briser ou de perdre votre relation si chère.

Quand vous sentez la jalousie monter, occupez-vous à autre chose. Concentrez-vous sur les moments où vous vous êtes sentie bien dans votre peau et, au besoin, retirez-vous de la situation jusqu'à ce que la jalousie soit passée.

En vous attaquant ainsi à la jalousie, avec fermeté et constance, vous aurez les moyens de la contrôler et de la chasser. Si votre partenaire est jaloux, offrez-lui de l'aider de façon raisonnable et adéquate, en autant qu'il accepte de gérer ses propres sentiments. Encouragez votre partenaire à se sentir bien dans sa peau et aimé. Souvent, la jalousie est passagère. De nombreux couples ont vécu ce problème à un certain moment de leur vie, mais ils l'ont réglé avec succès, alors prenez votre courage à deux mains.

Ne laissez pas la jalousie gâcher l'amour entre vous.

Jour Vingt-quatre

LENTEMENT MAIS SÛREMENT

Aujourd'hui, concentrez-vous sur l'importance de prendre son temps en amour comme dans toute relation. Êtes-vous follement amoureuse ? Ressentez-vous l'urgence de vous lancer dans la vie commune, le mariage et l'éducation des enfants ? Ou êtes-vous encore plus loin, en apportant très rapidement des changements de styles de vie qui vous touchent tous les deux ? Si vous vous jetez tête première dans la relation amoureuse ou notez votre tendance à vous précipiter dans la vie, alors, prenez la journée et pensez à ralentir et à vous engager plus lentement.

Dans une relation amoureuse, les conséquences de la hâte peuvent être importantes et souvent négatives. Nous commettons davantage d'erreurs quand nous précipitons la prise de décisions et disposons de moins de temps pour faire face aux conséquences ou aux sentiments subséquents. Surtout prenez votre temps quand vous décidez de vous marier. Inutile de courir pour convoler, si vous êtes pour habiter ensemble, n'est-ce pas ? Combien de divorcés disent : « nous nous sommes engagés trop rapidement, puis nous avons constaté que nous ne nous connaissions pas suffisamment et étions trop différents. » Personne ne dit jamais : « nous nous sommes engagés trop lentement, nous étions simplement trop réfléchis et trop prudents et nous avons pris trop de temps à nous connaître mutuellement ». Rien n'est plus excitant et stimulant au monde que de prendre la décision de vous marier ; ainsi, assurez-vous de savoir dans quoi vous vous engagez.

Ne vous mariez pas si vous voulez :

- Changer votre partenaire. Le mariage ne l'empêchera pas de boire, d'aimer vos amies, de vouloir un enfant, et ne vous fera pas changer non plus.
- Fuir une situation – vous éloigner de vos parents surprotecteurs ou de toute autre relation malheureuse, par exemple. Mariez-vous dans une période paisible et heureuse de votre vie.
- Apprendre à mieux connaître votre partenaire. Si vous ne le connaissez pas déjà vraiment bien, alors, ce n'est pas le moment de vous engager.
- Régler un problème, comme une mauvaise passe financière ou une crise du logement.
- Arrêter le harcèlement. Refusez de vous engager pour faire taire votre partenaire (ou toute autre personne) ou simplement pour lui plaire, vous y perdrez à long terme.

C'est le moment de vous marier quand :

- Vous connaissez votre partenaire sous toutes ses coutures, ses mauvaises habitudes entre autres, et vous continuez de l'aimer.
- Vous avez entièrement confiance en lui et vous êtes certaine qu'il tiendra toujours ses promesses.
- Vous pouvez prendre votre décision, indépendamment de l'influence de toute autre personne.
- Vous avez réglé tous les problèmes importants. Il y aura toujours de petits pépins, mais les problèmes graves doivent être réglés en premier, tels que l'alcoolisme ou l'infidélité, un style de vie différent ou le choix d'avoir des enfants ou non.

La même règle générale de « lenteur sage » s'applique à tous les aspects importants de votre vie commune, et aux petites choses de la vie. Vivez dans la hâte, en vous précipitant d'une chose à l'autre et vous découvrirez que le stress écrase votre relation.

Prenez le temps de bien sentir la sagesse de vos décisions.

Jour Vingt-cinq

LE BONHEUR

Soyez heureuse aujourd'hui. Pas « quand », « si » ou « parce que », mais immédiatement, juste pour le plaisir. Trop souvent, nous comptons sur l'autre partenaire pour nous rendre heureuse ou nous attendons que le bonheur arrive, de but en blanc, et règle tous les problèmes. Nous croyons probablement qu'une fois les problèmes résolus (et ils ne le sont jamais), alors nous nous sentirons heureuse. Si vous vous dites : « nous serions heureux si… » ou « s'il faisait juste… je serais si heureuse », abandonnez donc ces hypothèses immédiatement ! Refusez tout ce qui vous empêche d'être heureuse. Le bonheur est un état d'esprit, il suffit simplement de décider d'être heureuse. Prenez la décision d'être responsable de votre propre bonheur et préférez le bonheur au malheur quotidiennement.

Directives pour rester heureuse en couple :

Ayez des pensées heureuses. Vous devrez faire un effort conscient pour choisir des pensées réjouissantes et pour refuser les pensées négatives et malheureuses. Les pensées intimes sont comme des êtres vivants ; elles sont puissantes, actives et influençables. Triez donc vos pensées sur le volet.

Avant tout, nourrissez de bons sentiments envers votre partenaire. Les relations amoureuses naissent dans un berceau de chaleur et d'amour. Si la flamme a baissé aujourd'hui, alors essayez de la raviver en vous concentrant sur les sentiments positifs et en vous comportant de manière chaleureuse et aimante. Quand vous êtes chaleureuse envers votre partenaire, votre relation va bien.

Faites attention à la mauvaise humeur. Quand vous vous sentez déprimée et malheureuse, vous commencez à trouver des défauts à tous les domaines de votre vie et rien ne vous semble correct ou suffisamment bon. Évitez d'agir ainsi : trouvez simplement du réconfort par vous-même ou auprès de votre partenaire et attendez que votre humeur change.

Rappelez-vous votre liberté de choix, peu importe ce que vous faites et ce qui arrive dans votre vie. Ne jouez jamais le rôle de la victime sans défense qui laisse les choses « lui arriver ». Au lieu de cela, prenez votre vie en main ; si vous n'aimez pas vos choix, changez-les.

Commencez chaque journée en vous répétant :
« Aujourd'hui, j'accepte de laisser le bonheur entrer dans ma vie. Je l'accueille à bras ouverts. Je choisis d'être heureuse. »

Évitez de vous appesantir sur les problèmes et les échecs. Prenez les revers avec philosophie, refusez d'en discuter et recherchez activement une solution simple pour chaque problème.

Pour être heureuse en couple, vous devez cultiver l'aptitude au bonheur. Pour y arriver, rappelez-vous que vous avez le choix. Pourquoi être malheureuse quand vous pouvez choisir d'être heureuse ?

Faites du bonheur une façon de vivre et d'aimer.

Jour Vingt-six

ACCEPTER L'AUTRE

L'acceptation de l'autre contribue pour une grande part à la réussite de votre relation amoureuse à long terme. Sans doute, vous voudrez changer votre partenaire, certaines attitudes vous agaceront ou vous irriteront ou vous n'aimerez pas ou vous ne comprendrez pas ses habitudes. Reconnaissez que vous n'aimerez jamais toutes les facettes de votre partenaire en tout temps. En aimer la plupart la majeure partie du temps est très bien. Acceptez ce que vous n'aimez pas de votre partenaire et n'y pensez plus.

Le fait de concentrer trop d'attention sur les aspects que vous n'aimez pas causera éventuellement des problèmes. L'irritation causée par une de ses habitudes anodines (il se ronge les ongles, téléphone à sa mère quotidiennement ou laisse traîner ses vêtements par terre) peut monter et se transformer en raison de détester votre partenaire si vous laissez les choses aller. Tout autre sentiment de mécontentement, d'amertume et de colère entretiendra l'irritation que vous nourrissez envers l'habitude de votre partenaire à un point tel que cette frustration prendra des proportions énormes.

Pour quelles raisons est-il si difficile de simplement accepter votre partenaire comme il est ? Nous nous engageons dans une relation amoureuse avec certaines attentes, puis nous essayons de faire concorder nos attentes avec la personne choisie. Au lieu de prendre le temps de découvrir les facettes de la personnalité de l'autre, nous recherchons des signes de conformité de cette personne au moule déjà prêt.

Les clés de l'acceptation :

Acceptez que vous ne pourrez jamais changer l'autre. S'il veut changer, alors c'est son choix. Si vous essayez de le transformer contre son gré vous vous créerez des frustrations et un sentiment d'impuissance. Parfois, vous lui demanderez gentiment de changer un comportement précis ou une habitude, et il le fera s'il le veut bien, mais vous ne pourrez changer grand-chose d'autre.

La seule personne que vous pouvez changer, c'est vous. Habituellement, quand nous changeons, les autres changent leur attitude envers nous. Ainsi, si vous désirez que votre partenaire cesse de vous considérer comme un paillasson, cessez d'agir comme tel. Si vous souhaitez avoir moins de discussions dans votre relation, prenez votre part de responsabilité dans les disputes et taisez-vous. Si vous voulez que votre partenaire s'ouvre à vous et vous parle, parlez-lui de vos sentiments et acceptez de l'écouter attentivement.

Laissez tomber votre désir de changer votre partenaire. Concentrez-vous plutôt sur tout ce que vous aimez de lui et acceptez de vivre avec quelques habitudes frustrantes.

Ne mettez pas l'accent sur la source d'irritation. Essayez d'en rire et de vous dire « Eh bien, ce n'est pas grave s'il laisse la salle de bain en désordre ou s'il parle au téléphone trop souvent ».

Apprendre à accepter l'autre vous permet de suivre le chemin vers la vraie sagesse de la relation amoureuse. Ne sommes-nous pas tous parfaits comme nous sommes, avec tous nos défauts et nos grandes qualités ?

L'acceptation est la clé de la paix et l'harmonie.

Jour Vingt-sept

RÉSOUDRE LES CONFLITS EN DOUCEUR

Parfois, des problèmes dans la relation, difficiles et douloureux, nécessitent une discussion en vue d'un règlement. Quand un aspect de votre relation vous dérange ou n'est pas correct, vous le mentionnerez probablement à un moment donné, mais faites attention, la manière d'en parler est cruciale. Trop souvent, la femme est celle qui soulève les problèmes des relations amoureuses. De fait, les hommes craignent davantage les conflits, et les femmes se remettent plus facilement d'une dispute et font face aux problèmes. Ces caractéristiques liées au sexe remontent aux comportements types de l'évolution ; ainsi, il vaut mieux travailler dans le même sens qu'eux plutôt que de développer du ressentiment.

Comment aborder des problèmes de façon à trouver une solution et éviter de créer un conflit ou une impasse :

Commencez doucement. Lancer une attaque de grande envergure ou une attitude agressive fera décrocher tout de suite votre partenaire et ne vous mènera nulle part ; commencez donc par apprécier votre amoureux. Par exemple, supposons qu'il est trop distant et ne parle pas de ses sentiments. Remerciez-le de son enthousiasme à vous parler maintenant et à écouter ce que vous avez à dire. Faites-lui part de votre amour et dites-lui à quel point vous êtes heureuse avec lui.

Parlez du problème en commençant vos phrases par « je ». Commencez par des phrases qui expriment vos sentiments, telles que « je me sens frustrée et exclue quand tu ne me parles pas de tes sentiments ». Ces phrases sont plus faciles à entendre et évitent de mettre le blâme sur votre partenaire.

Dites à votre partenaire ce que vous aimeriez, de façon aussi précise que possible. Par exemple, dites : « j'aimerais vraiment connaître tes sentiments à propos de nous deux et savoir si tu es heureux de l'évolution de notre relation ».

Si la conversation se complique, utilisez l'humour et gardez un ton affectueux.

Arrêtez plus tôt que trop tard. Si vous obtenez une bonne réponse, ne mettez pas de pression afin de régler dix autres problèmes. Arrêtez, faites un câlin à votre partenaire et changez de sujet.

S'il bloque – c'est-à-dire qu'il refuse de répondre ou même disparaît (il se cache derrière le journal ou l'ordinateur, par exemple), alors ARRÊTEZ. Votre partenaire se sent écrasé. Le bloc est une réponse au stress qui n'a rien à voir avec son amour pour vous. Simplement, il ne peut pas gérer la quantité d'information, d'émotion ou le ton que vous utilisez. Ce qui est normal pour vous peut lui paraître insurmontable. Si vous continuez, le harcelez ou insistez, le blocage sera plus grand et durera plus longtemps. Donc, faites marche arrière, attendez une prochaine fois, puis utilisez la méthode douce, chaleureuse et brève. Votre partenaire ne répondra que lorsqu'il se sentira en sécurité et capable de vous écouter sans se sentir dépassé.

**Soulevez les problèmes difficiles
avec succès en utilisant la méthode douce.**

Jour Vingt-huit

ENTRETENIR LA RELATION

Afin de bien fonctionner, une relation amoureuse a besoin de soins attentifs. Tout comme une plante, elle deviendra plus forte et sera plus épanouie si elle est traitée avec tendresse, bien nourrie et qu'on lui accorde les meilleurs avantages possibles. Il est facile d'entretenir la relation au tout début. Vous êtes amoureuse, la relation est le centre de votre vie et il y a peu de nouvelles exigences. Plus tard, les responsabilités peuvent vous empêcher d'entretenir votre relation. Le stress, l'épuisement, le travail, les enfants, les troubles de santé et les exigences financières peuvent devenir des entraves importantes.

Bien des couples divorcés ont simplement oublié d'entretenir leur relation, puis ils ont découvert que la flamme s'était éteinte. Souvent, ils réalisent trop tard qu'ils ne voulaient pas se séparer et qu'il y avait tellement de bonnes choses dans leur relation. Quand il y a une crise dans la relation, cette dernière reprend subitement le dessus et tous les autres problèmes de la vie sont relégués à l'arrière-plan. Cependant, il est souvent trop tard ; les deux partenaires s'empêtrent et ne savent comment faire marche arrière.

Grâce à l'amour et à l'effort, il est toujours possible d'éviter la catastrophe. Toutefois, il est mieux de ne jamais atteindre ce point et la manière d'y arriver est d'entrenir votre amour.

Comment entretenir votre amour :

Restez romantique. Dans les tout débuts, le romantisme vient facilement, mais avec le temps, il demande un peu plus d'efforts. Peu importe à quel point vous êtes occupée, il ne faut pas beaucoup de temps pour écrire une lettre romantique que vous laisserez votre partenaire trouver, pour acheter un petit cadeau ou pour organiser un souper aux chandelles.

Ne tenez jamais l'autre pour acquis. Les partenaires deviennent si habitués l'un à l'autre qu'ils cessent de remarquer les petits détails. Regardez votre partenaire différemment, écoutez ce qu'il a à dire et notez les petits changements. Est-ce que votre partenaire a perdu du poids, s'est acheté de nouveaux vêtements, a commencé à s'en faire plus souvent ? Si vous ne remarquez pas ce qui se passe, vous ne pouvez y répondre.

Faites place aux surprises. La routine quotidienne devient ennuyante et prévisible mais les surprises sont merveilleuses. Offrez-vous tous les deux une escapade la fin de semaine, une sortie spéciale le soir ou un cadeau attentionné.

Considérez comme un trésor les activités spéciales de la relation. Au début, tous les couples ont des activités spéciales qu'ils aiment partager, mais avec le temps, ces « luxes » disparaissent. Peu importe vos activités – prendre de longs bains ensemble, faire l'amour passionnément (pas la routine), aller marcher ou simplement parler – accrochez-vous à elles et considérez-les comme essentielles.

Soyez gentils l'un envers l'autre. Quand l'un des deux est malade, épuisé, déçu, fâché ou en situation d'échec, l'autre partenaire doit être le plus sensible et le plus gentil possible. Gâtez votre partenaire de la manière qu'il appréciera le plus. Faites-lui savoir que peu importe ce qui se passe, vous l'aimez autant qu'avant.

Rappelez-vous, pour entretenir votre relation, vous devez vous traiter aux petits soins également ; sinon, vous sentirez que vous n'aurez rien à offrir.

**Entretenez l'amour que vous partagez
et voyez votre relation s'épanouir.**

Jour Vingt-neuf

CHÉRIR CE QUE VOUS AVEZ

Aujourd'hui, appréciez votre chance – la reconnaissance est le meilleur sentiment du monde, alors amusez-vous ! Vous n'avez pas à faire de grands efforts pour changer votre façon de voir les choses et pour vous sentir chanceuse. L'aptitude à chérir votre bien le plus précieux dans la relation est un don merveilleux universel. Il faut seulement faire preuve de bonne volonté.

Trop souvent nous nous concentrons sur ce qui manque dans notre vie ; cette attitude s'applique aussi aux relations de couple. Qu'est-ce qui vous rend malheureuse ou mécontente en ce moment ? Que souhaitez-vous avoir ou changer ? Voulez-vous avoir plus d'argent, que votre partenaire fasse certains changements, que la vie soit plus facile, meilleure ou plus simple ? Voulez-vous vivre ailleurs ou être plus mince, plus sexy ou plus drôle ? Mettre l'accent sur les lacunes ou les imperfections vous videra et vous demandera beaucoup d'énergie qui pourrait être mieux utilisée. Le négativisme vous rend souvent malade et brise votre relation. Par ce comportement, vous communiquez aussi aux autres votre mécontentement et recevez en retour celui de votre entourage. Souvenez-vous que vous attirerez ce que vous dégagez. Décidez aujourd'hui d'être chanceuse et de chérir ce que vous possédez.

Comment chérir votre relation :

Comportez-vous en femme heureuse. Souriez, que vous en ayez envie ou non, à toutes les personnes que vous rencontrez et souriez même quand vous êtes seule. À force de sourire, vous commencerez à vous sentir heureuse. Rappelez-vous, les sentiments suivent le comportement ; agissez comme si vous vous sentiez bien et vous le deviendrez. Chantez, dansez, riez et profitez de la vie.

Voyez l'abondance partout autour de vous. Votre vie est remplie du don de l'amour, de la réussite et des choses dont vous êtes fière. Commencez à les remarquer.

Développez votre gratitude. Remerciez pour tout ce que vous avez. Le soir, étendez-vous sur le lit et revoyez toutes les bonnes choses survenues pendant votre journée.

Chérissez votre partenaire. Pensez à ses grandes qualités, ses talents et voyez-en le caractère unique et spécial. Réjouissez-vous du fait qu'il a choisi d'être avec vous, et félicitez-vous d'avoir été assez intelligente pour le choisir.

Appréciez votre partenaire. Remerciez-le pour cette merveilleuse aventure à deux qui vous a fait grandir, vous adapter et apprendre ensemble. Une relation vous rend plus sage.

Jouissez de votre santé. Des études ont démontré que les personnes engagées dans des relations à long terme ont une meilleure santé ; rayonnez donc de vitalité et soyez fière de vous.

Chérir ce que vous possédez est une nouvelle habitude à acquérir. Comme pour toute habitude, il faut répéter souvent la même attitude avant qu'elle ne devienne automatique. Il en va de même pour le sentiment de reconnaissance. Pendant les deux prochaines semaines, promenez-vous en vous disant que vous êtes chanceuse et soyez assurée que bientôt, les gens vous diront : « tu es tellement chanceuse, comment fais-tu ?».

Chérissez votre trésor et soyez plus chanceuse dans votre vie.

Jour Trente

FÊTER

Enfin, vous avez réussi à passer au travers. Bravo!
J'espère que bientôt vous envisagerez votre
relation amoureuse et l'avenir de façon optimiste.
Peu importe l'étape où vous étiez quand vous avez
commencé à lire, vous devriez vous sentir mieux, plus
forte et avoir plus confiance en vous. Vivre en couple est une
merveille de la vie et si vous êtes amoureuse, aucun problème ne pourra vous
résister. Travailler les points mentionnés dans ce livre est un moyen de vous engager
dans votre relation et de reconnaître son importance – elle vaut bien l'effort, le temps
et le dérangement – et mérite d'être célébrée.

Félicitez-vous d'être allée aussi loin dans votre démarche et d'accepter de travailler
votre relation. Célébrez le fait de vivre avec un être qui vous tient tellement à cœur et
considérez tous les progrès faits. Même si vous ne dites pas exactement l'occasion
que vous soulignez à votre partenaire, dites-lui simplement que vous vous réjouissez
d'être avec lui ; c'est suffisant.

Des moyens de fêter votre relation amoureuse :

- Faire quelque chose de différent ensemble ou le faire dans un décor différent –
  faire l'amour le midi, organiser un pique-nique au milieu de la nuit ou souper au lit.
- Partager une gâterie, un morceau de gâteau et une tasse de café ou du
  champagne accompagné de caviar.
- Sortir un soir vous amuser, aller à l'opéra, partager un repas romantique ou
  regarder un film érotique.
- Vous offrir mutuellement un massage sensuel de la tête aux pieds, avec une
  huile essentielle d'aromathérapie, à la lumière des bougies.
- Partager un bain moussant aux chandelles, accompagné de musique et de
  champagne.
- Faire le souper ensemble, en choisissant vos plats préférés et beaucoup
  d'aliments aphrodisiaques, comme les huîtres et le chocolat.
- Prendre une journée de congé juste pour être ensemble.
- Combler votre partenaire de romantisme – une carte sentimentale, un cadeau
  sexy (et un pour vous), une soirée sensuelle...
- Surprendre votre amoureux – en vous embrassant et en vous réconciliant, en
  cédant ou en lui disant que la vie est trop courte pour se disputer.
- Lui couper le souffle en accordant une attention particulière à votre apparence.

Faites de cette fête la première d'une longue série et ne vous limitez pas à ne faire qu'une des suggestions mentionnées ci-dessus – essayez-les toutes! Célébrez toutes les étapes importantes que vous avez franchies ensemble, même les plus simples, et faites-en un mode de vie à deux.

Fêtez la vraie joie d'être ensemble.

LE MOT DE LA FIN

Je suppose que peu importe ce que vous faites, vous donnez le meilleur de vous-même, y compris vous engager dans une relation amoureuse. Pour quelles raisons vous contenteriez-vous de l'ordinaire, du banal, de ce qui est correct, passable, bien ou tolérable quand vous pouvez avoir l'extraordinaire, le merveilleux, l'excitant, le satisfaisant, le passionnant et le fabuleux – le genre de relation que vous méritez ? Le choix ultime est entre vos mains et vous choisissez chaque jour que vous restez engagée dans une relation. Promettez-vous chaque jour que, si vous décidez de rester avec votre partenaire, vous vous comporterez de façon à avoir une vie merveilleuse avec lui et à rendre votre relation aussi bonne que possible.

Une attitude positive vous aidera à avoir une relation de couple équilibrée, satisfaisante et durable.

Rappelez-vous toujours ce conseil et laissez-le vous guider quand vous prenez des décisions. Prenez la résolution de limiter les conflits et la douleur et d'entretenir tout ce qui est bon entre vous deux. Choisissez de vraiment remarquer votre partenaire et de l'apprécier et optez pour l'amour et la paix au lieu des blessures et des batailles. Puis, enfin, appréciez les résultats de vos choix – un plus grand amour, la paix et l'harmonie.

Ressources

LECTURES COMPLÉMENTAIRES

Arp, David et Claudia. *Les 8 défis du couple*, Outremont, Éditions Logiques, 1999.

Collectif. Bouillon de poulet pour l'âme du couple, Montréal,
Éditions Sciences et Culture, 2000.

Corneau, Guy. *L'amour en guerre : Le couple est-il possible ?*, Outremont,
Éditions Logiques, 1998.

Cyr, Marie-France. *Arrête de bouder !*, Montréal, Éditions de l'Homme, 2001.

Desgagnés, Paule. *Rire amoureusement*, Outremont, Éditions Quebecor, 2000.

Dockett, Lauren et Kristin Beck, *Faire face à la trentaine*, Outremont, Éditions du Trécarré, 2001.

Gottman, John M. et Nan Silver. *Les couples heureux ont leurs secrets*, Paris,
Éditions J.C. Lattès, 2000.

Gray, John. *Mars et Vénus en amour*, Montréal, Éditions Stanké, 1999.

Hone, Geneviève et Julien Mercure. *Les saisons du couple*, Montréal, Éditions Novalis, 2001.

Tessina, Tina. *Les 10 décisions gagnantes qu'une femme doit prendre avant 40 ans*,
Outremont, Éditions du Trécarré, 2000.

SITES INTERNET

Association des sexologues du Québec
www.associationdessexologues.com
Ordre des psychologues du Québec
www.ordrepsy.qc.ca
Sur la Toile du Québec
www.toile.com/quebec/Societe/Famille/Couple